AF175729

Impressum
Verlag: BABADADA GmbH, Nedderfeld 112 , 22529 Hamburg
Geschäftsführer / Verlagsleitung: Harald Hof
Druck: Books on Demand GmbH, In de Tarpen 42, 22848 Norderstedt

Imprint
Publisher: BABADADA GmbH, Nedderfeld 112 , 22529 Hamburg, Germany
Managing Director / Publishing direction: Harald Hof
Print: Books on Demand GmbH, In de Tarpen 42, 22848 Norderstedt, Germany

sekolah

escuela

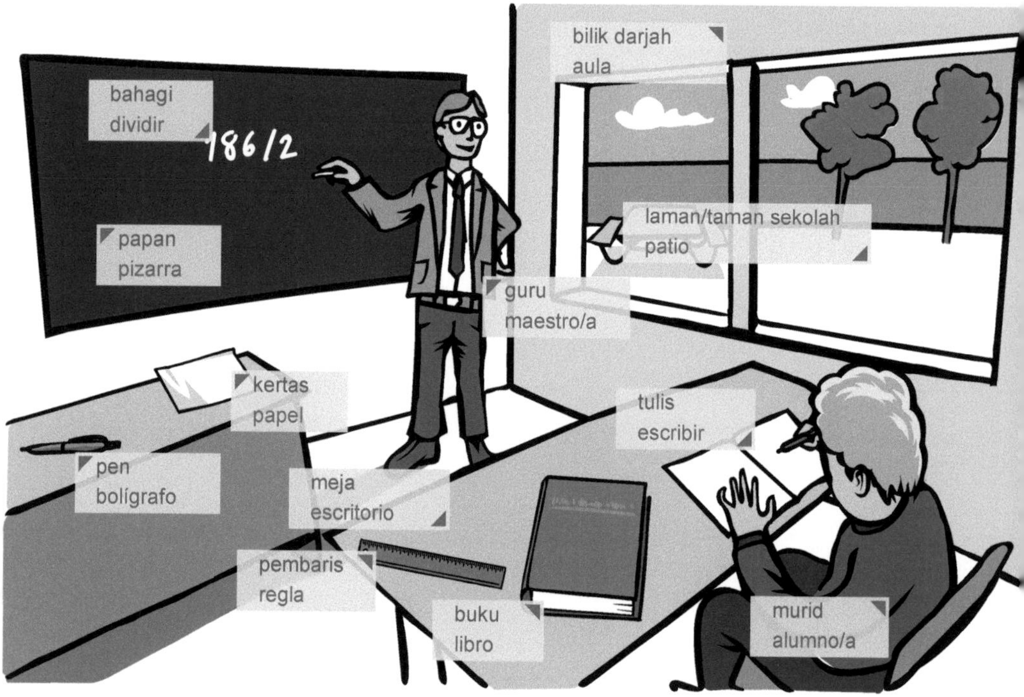

bilik darjah
aula
bahagi
dividir
186/2
laman/taman sekolah
patio
papan
pizarra
guru
maestro/a
kertas
papel
tulis
escribir
pen
bolígrafo
meja
escritorio
pembaris
regla
buku
libro
murid
alumno/a

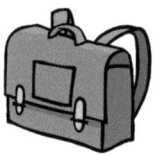

beg galas

cartera

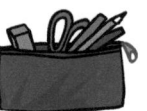

kotak pensel

caja de lápices

pensel

lápiz

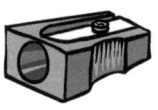

pengasah pensel

sacapuntas

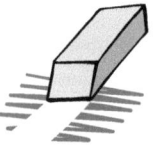

pemadam

goma de borrar

kertas lukisan

cuaderno de dibujo

melukis
dibujo

berus lukis
pincel

kotak warna
caja de pinturas

gunting
tijeras

gam
pegamento

buku latihan
cuaderno de ejercicios

kerja rumah
deberes

12

nombor
número

2+2

tambah
sumar

5-2

tolak
restar

2×2

darab
multiplicar

kira
calcular

A

huruf
letra

ABCDEFG
HIJKLMN
OPQRSTU
VWXYZ

abjad
alfabeto

hello

kata
palabra

teks

texto

baca

leer

kapur

tiza

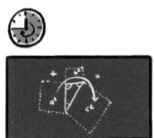

pelajaran

lección

daftar

cuaderno de notas

peperiksaan

examen

sijil

certificado

uniform sekolah

uniforme escolar

pendidikan

educación

ensiklopedia

enciclopedia

universiti

universidad

mikroskop

microscopio

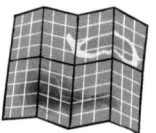

peta

mapa

bakul sampah

papelera

berjalan
viaje

hotel
hotel
Grand
asrama
albergue
ROOMS
pejabat tukaran mata wang
oficina de cambio de divisas
beg pakaian
maleta
kereta
coche

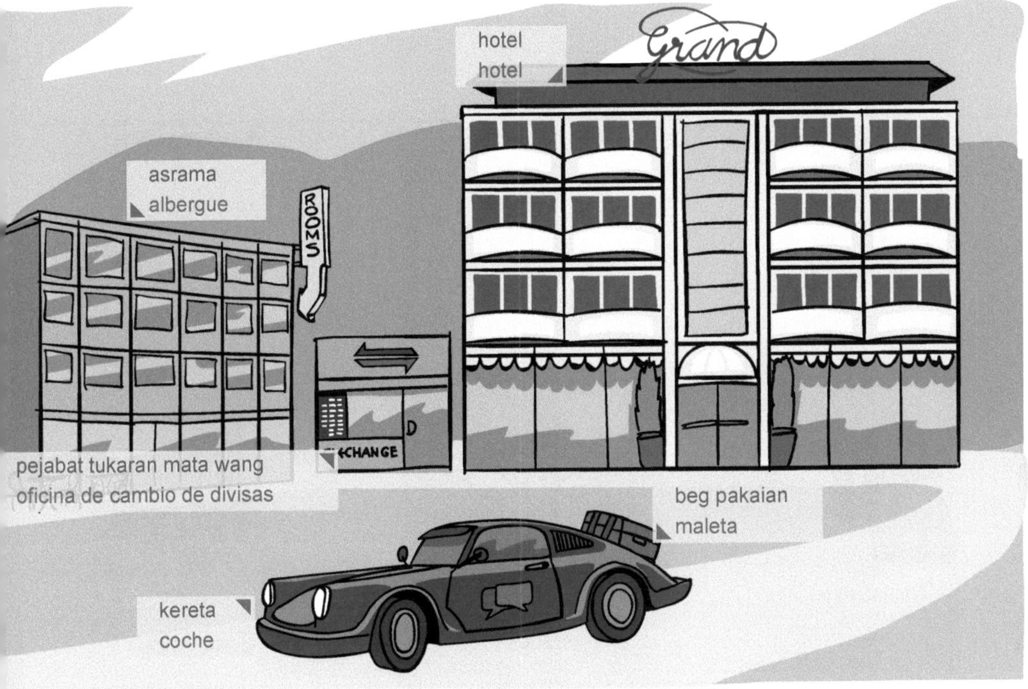

bahasa

idioma

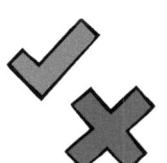

ya / tidak

sí / no

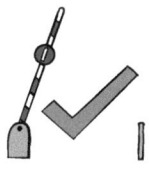

okey

Vale

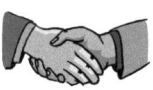

helo

hola

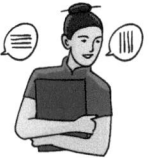

penterjemah

traductor

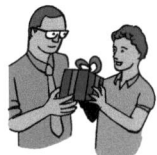

Terima kasih

Gracias

berapa banyak…?

¿cuánto es…?

saya tidak faham

No entiendo

masalah

problema

Selamat petang!

¡Buenas tardes!

Selamat Pagi!

¡Buenos días!

Selamat Malam!

¡Buenas noches!

selamat tinggal

adiós

arah

dirección

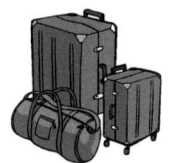

bagasi

equipaje

beg

bolsa

beg galas

mochila

tetamu

invitado

bilik tidur

habitación

beg tidur

saco de dormir

khemah

tienda de campaña

berjalan - viaje

maklumat pelancong

información turística

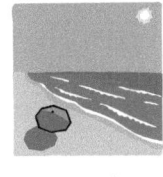

pantai

playa

kad kredit

tarjeta de crédito

sarapan

desayuno

makan tengah hari

almuerzo

makan malam

cena

tiket

billete

lif

ascensor

setem

sello

sempadan

frontera

kastam

aduana

kedutaan

embajada

visa

visa

pasport

pasaporte

berjalan - viaje

7

pengangkutan
transporte

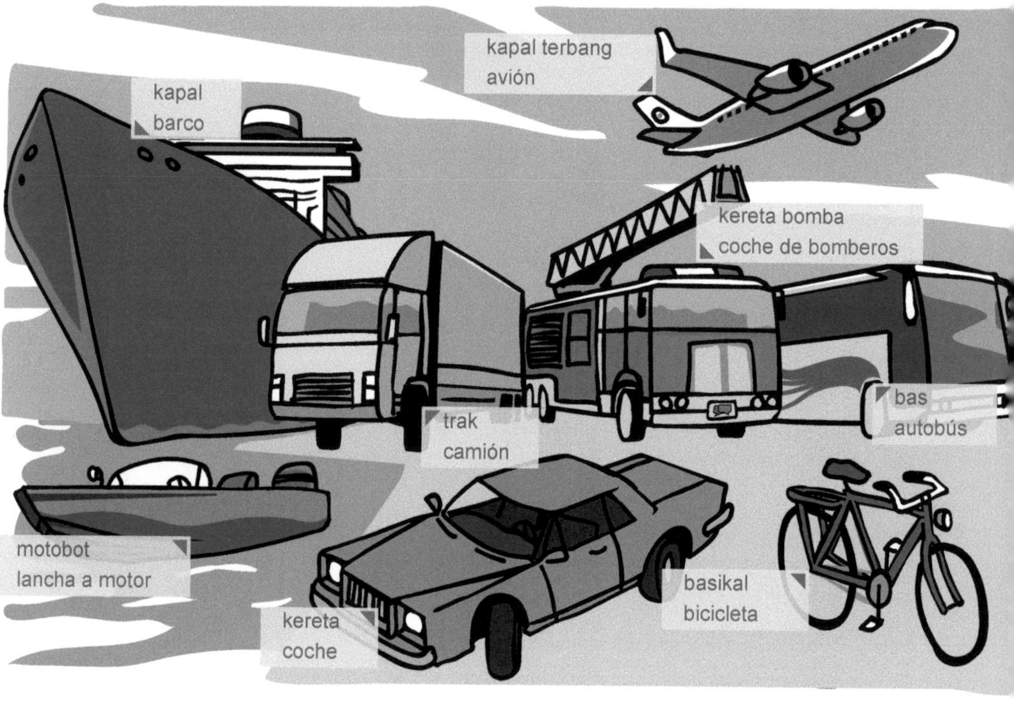
kapal terbang
avión
kapal
barco
kereta bomba
coche de bomberos
bas
autobús
trak
camión
motobot
lancha a motor
basikal
bicicleta
kereta
coche

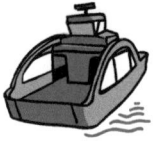

feri

transbordador

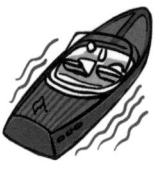

bot

barca

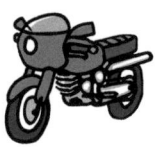

motosikal

moto

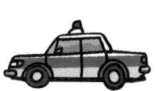

kereta polis

coche de policía

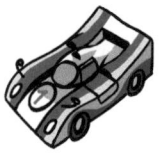

kereta lumba

coche de carreras

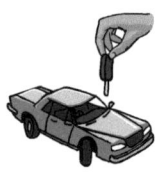

kereta sewa

coche de alquiler

berkongsi kereta

préstamo de vehículos

trak tunda

grúa

trak menolak

camión de la basura

motor

motor

bahan api

gasolina

stesen minyak

gasolinera

tanda trafik

señal de tráfico

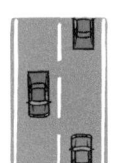

trafik

tráfico

kesesakan lalu lintas

atasco

tempat parkir

aparcamiento

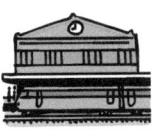

stesen kereta api

estación de tren

trek

vías

kereta api

tren

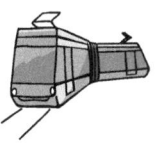

trem

tranvía

gerabak

vagón

helikopter

helicóptero

lapangan terbang

aeropuerto

Menara

torre

penumpang

pasajero

bekas

contenedor

kadbod

caja de cartón

kart

carretilla

bakul

cesta

berlepas / mendarat

despegar / aterrizar

bandar

ciudad

kampung

pueblo

pusat bandar

centro de ciudad

rumah

casa

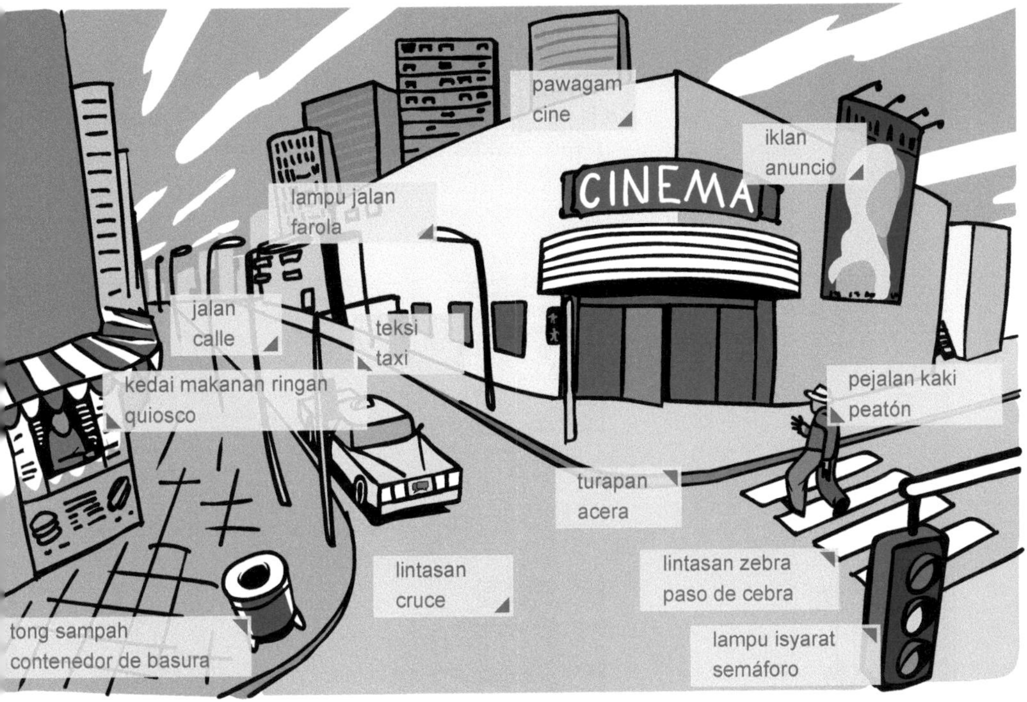

pawagam
cine

iklan
anuncio

lampu jalan
farola

CINEMA

jalan
calle

teksi
taxi

kedai makanan ringan
quiosco

pejalan kaki
peatón

turapan
acera

lintasan
cruce

lintasan zebra
paso de cebra

tong sampah
contenedor de basura

lampu isyarat
semáforo

pondok

cabaña

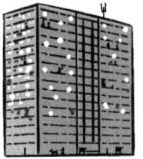

flat

apartamento

stesen kereta api

estación de tren

dewan bandar

ayuntamiento

muzium

museo

sekolah

escuela

universiti

universidad

bank

banco

hospital

hospital

hotel

hotel

farmasi

farmacia

pejabat

oficina

kedai buku

librería

kedai

tienda

kedai bunga

floristería

pasar raya

supermercado

pasaran

mercado

gedung

grandes almacenes

penjual ikan

pescadería

pusat membeli-belah

centro comercial

pelabuhan

puerto

taman

parque

bangku

banco

jambatan

puente

tangga

escaleras

bawah tanah

metro

terowong

túnel

hentian bas

parada de autobús

bar

bar

restoran

restaurante

peti surat

buzón

papan tanda jalan

poste indicador

meter parkir

parquímetro

zoo

zoo

kolam renang

piscina

masjid

mezquita

ladang

granja

pencemaran

contaminación

tanah perkuburan

cementerio

gereja

iglesia

taman permainan

patio de juego

kuil

templo

landskap

paisaje

daun
hoja

tiang tanda
señal

jalan
camino

padang rumput
prado

batu
piedra

pejalan kaki
excursionista

pokok
árbol

sungai
río

rumput
hierba

bunga
flor

lembah
valle

bukit
colina

tasik
lago

hutan
bosque

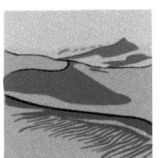

padang pasir
desierto

gunung berapi
volcán

istana
castillo

pelangi
arcoíris

cendawan
champiñón

pokok kelapa sawit
palmera

nyamuk
mosquito

terbang
mosca

semut
hormiga

lebah
abeja

labah-labah
araña

kumbang

escarabajo

katak

rana

tupai

ardilla

landak

erizo

arnab

liebre

burung hantu

lechuza

burung

pájaro

angsa

cisne

babi jantan

jabalí

rusa

ciervo

moose

alce

empangan

presa

turbin angin

turbina eólica

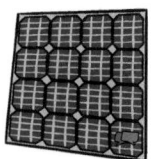

panel solar

panel solar

iklim

clima

restoran
restaurante

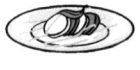

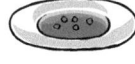

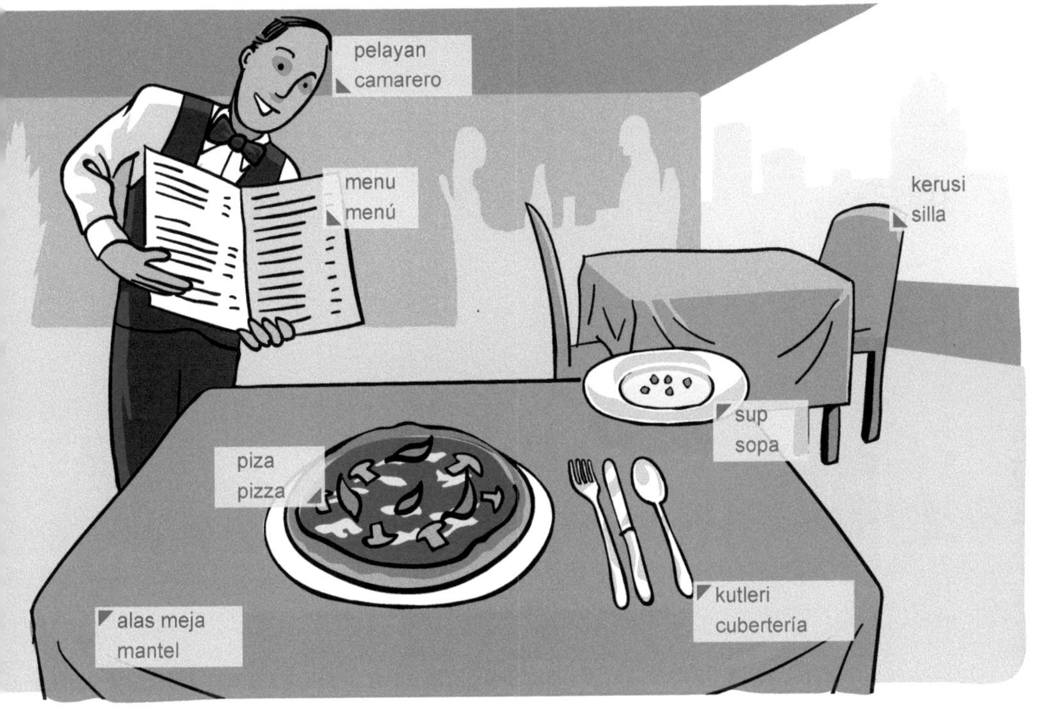
pelayan
camarero
menu
menú
kerusi
silla
sup
sopa
piza
pizza
kutleri
cubertería
alas meja
mantel

pemula

primer plato

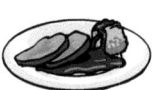

hidangan utama

plato principal

pencuci mulut

postre

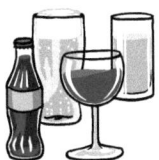

minuman

bebidas

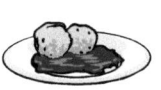

makanan

comida

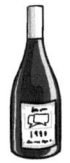

botol

botella

makanan segera

comida rápida

makanan jalanan

comida callejera

teko

tetera

mangkuk gula

azucarero

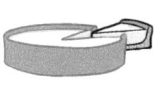

bahagian

porción

mesin espreso

cafetera expreso

kerusi tinggi

trona

bil

cuenta

dulang

bandeja

pisau

cuchillo

garfu

tenedor

sudu

cuchara

sudu teh

cucharilla

serviette

servilleta

gelas

vaso

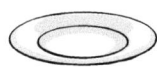

pinggan

plato

mangkuk sup

plato hondo

piring

platillo

sos

salsa

tempat garam

salero

pengisar lada

molinillo de pimienta

cuka

vinagre

minyak

aceite

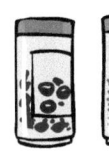

rempah

especias

sos

ketchup

mustard

mostaza

mayones

mayonesa

pasar raya
supermercado

tawaran istimewa
oferta especial
FOR
pelanggan
cliente
tenusu
lácteos
buah-buahan
fruta
troli
carro de la compra

BUTCHERS

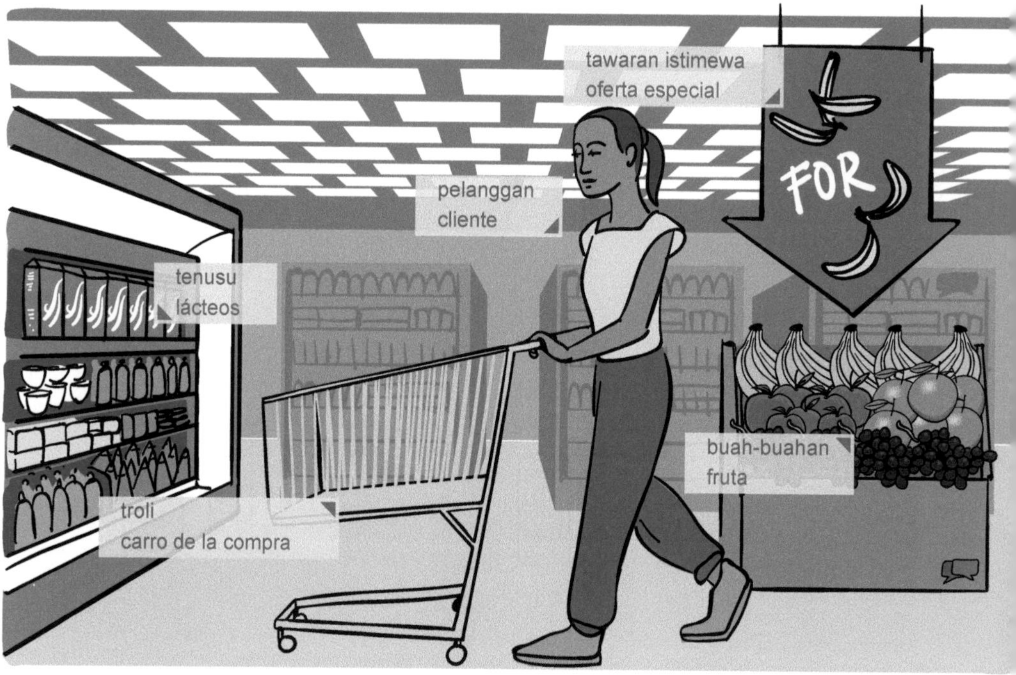

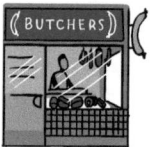

tukang daging

carnicería

BAKERY

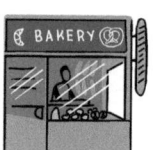

kedai roti

panadería

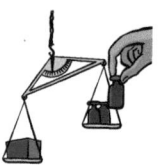

berat

pesar

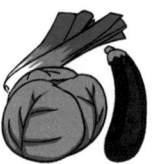

sayur-sayuran

verduras

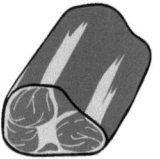

daging

carne

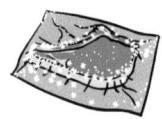

makanan sejuk beku

alimentos congelados

daging sejuk

fiambres

makanan dalam tin

conservas

serbuk pencuci

detergente en polvo

gula-gula

dulces

produk isi rumah

productos de uso doméstico

produk pembersihan

productos de limpieza

orang jualan

vendedora

daftar tunai

caja

juruwang

cajero

senarai membeli-belah

lista de la compra

waktu pembukaan

horario de atención al público

beg duit

cartera

kad kredit

tarjeta de crédito

beg

bolsa

beg plastik

bolsa de plástico

air
....
agua

jus
....
zumo

susu
....
leche

kola
....
cola

wain
....
vino

bir
....
cerveza

alkohol
....
alcohol

koko
....
cacao

the
....
té

kopi
....
café

espreso
....
expreso

kapucino
....
capuchino

pisang

plátano

epal

manzana

oren

naranja

tembikai

melón

lemon

limón

lobak merah

zanahoria

bawang putih

ajo

buluh

bambú

bawang

cebolla

cendawan

champiñón

kacang

avellanas

mi

fideos

spageti

espagueti

nasi

arroz

salad

ensalada

kerepek

patatas fritas

kentang goreng

patatas fritas

piza

pizza

hamburger

hamburguesa

sandwic

sándwich

kutlet

filete

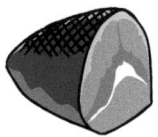

ham

jamón

salami

salami

sosej

salchicha

ayam

pollo

panggang

asado

ikan

pescado

makanan - comida

bubur oat

copos de avena

muesli

muesli

emping jagung

copos de maíz

tepung

harina

kroisan

cruasán

roti roll

panecillo

roti

pan

roti bakar

tostada

biskut

galletas

mentega

mantequilla

dadih

cuajada

kek

pastel

telur

huevo

telur goreng

huevo frito

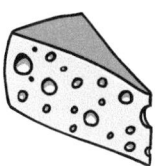

keju

queso

ais krim

helado

gula

azúcar

madu

miel

jem

mermelada

krim nougat

crema de turrón

kari

curry

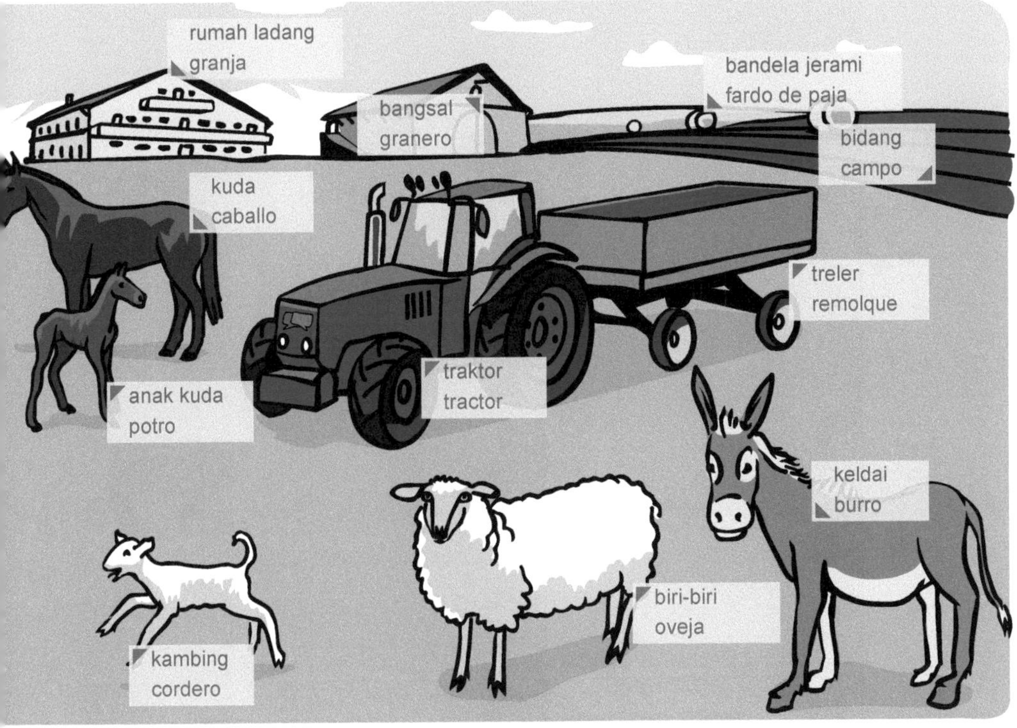

rumah ladang
granja

bangsal
granero

bandela jerami
fardo de paja

bidang
campo

kuda
caballo

treler
remolque

anak kuda
potro

traktor
tractor

keldai
burro

kambing
cordero

biri-biri
oveja

kambing	lembu	anak lembu
cabra	vaca	ternero

babi	anak babi	lembu
cerdo	cerdito	toro

angsa

ganso

itik

pato

anak ayam

pollo

ayam betina

gallina

ayam jantan muda

gallo

tikus

rata

kucing

gato

tikus

ratón

lembu jantan

buey

anjing

perro

rumah anjing

perrera

hos taman

manguera

bekas siraman

regadera

sabit

guadaña

bajak

arado

ladang - granja

sabit

hoz

cangkul

azada

serampang peladang

horca

kapak

hacha

kereta sorong

carretilla

palung

abrevadero

tin susu

lechera

karung

saco

pagar

valla

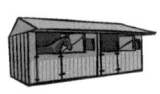

stabil

establo

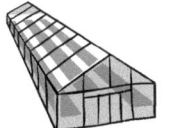

rumah hijau

invernadero

tanah

suelo

benih

semilla

baja

fertilizador

jentuai

cosechadora

ladang - granja

29

tuai
cosechar

menuai
cosecha

keladi
ñame

gandum
trigo

soya
soja

kentang
patata

jagung
maíz

biji sawi
semilla de colza

pokok buah-buahan
árbol frutal

ubi kayu
mandioca

bijirin
cereales

rumah
casa

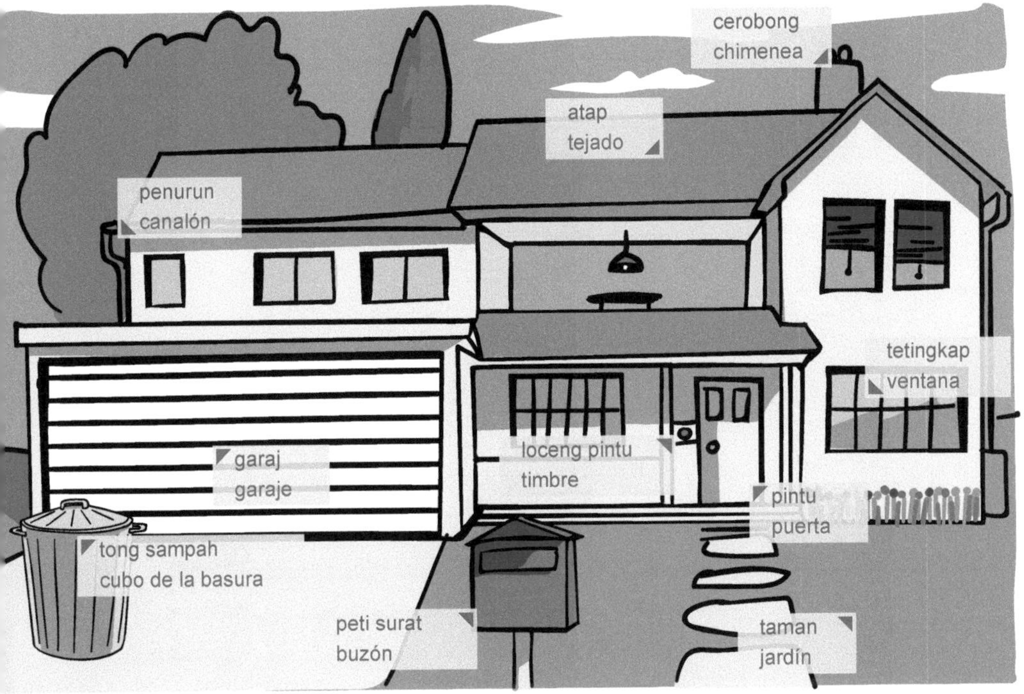
cerobong
chimenea
atap
tejado
penurun
canalón
tetingkap
ventana
loceng pintu
timbre
garaj
garaje
pintu
puerta
tong sampah
cubo de la basura
peti surat
buzón
taman
jardín

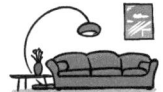

ruang tamu

sala

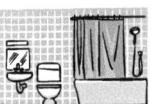

bilik air

cuarto de baño

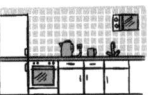

dapur

cocina

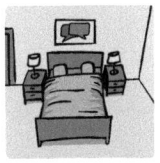

bilik tidur

dormitorio

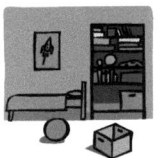

bilik kanak-kanak

habitación de los niños

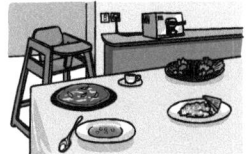

ruang makan

comedor

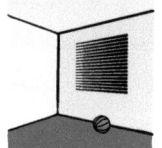

lantai

suelo

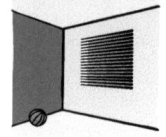

dinding

pared

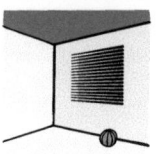

siling

techo

bilik bawah tanah

sótano

sauna

sauna

balkoni

balcón

teres

terraza

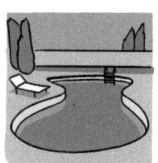

kolam renang

piscina

pemotong rumput

cortacésped

lembaran

sábana

penutup tilam

colcha

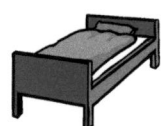

katil

cama

penyapu

escoba

timba

balde

suis

interruptor

ruang tamu

sala

kertas dinding
papel pintado
gambar
imagen
lampu
lámpara
rak
estante
kabinet
armario
televisyen
televisión
pendiangan
chimenea
bunga
flor
kusyen
cojín
sofa
sofá
pasu
jarrón
alat kawalan jauh
mando a distancia

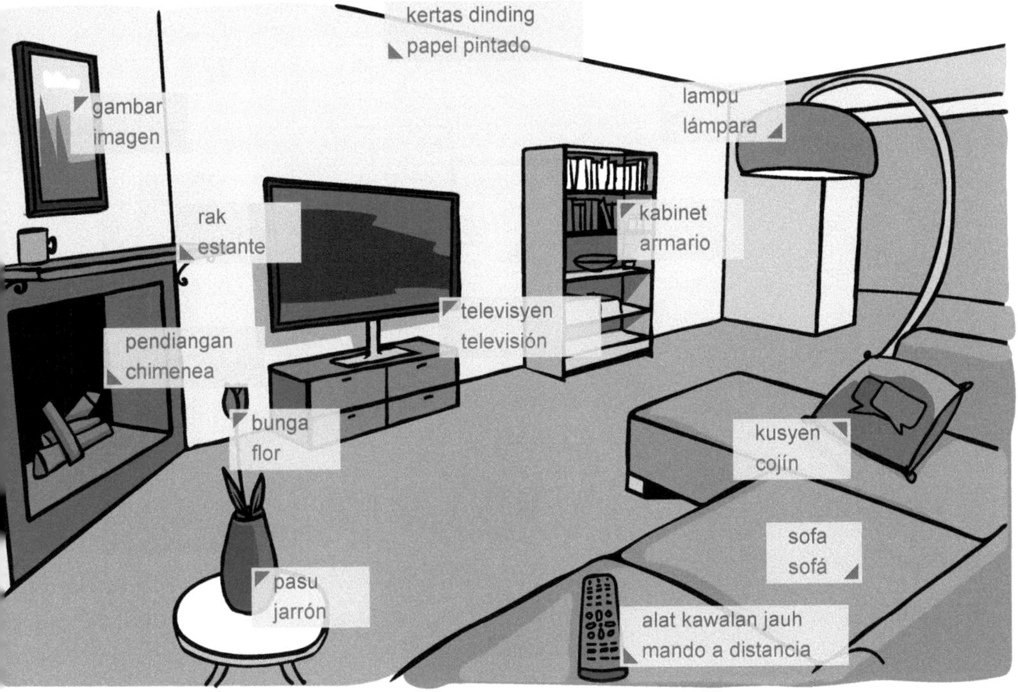

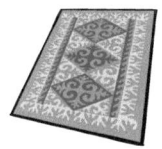

permaidani

alfombra

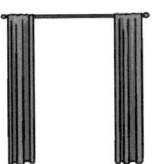

tirai

cortina

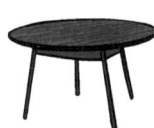

meja

mesa

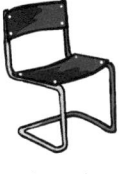

kerusi

silla

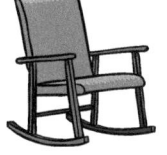

kerusi malas

mecedora

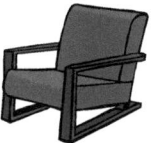

kerusi

butaca

buku
libro

selimut
manta

hiasan
decoración

kayu api
leña

filem
película

hi-fi
equipo de música

kunci
llave

akhbar
periódico

lukisan
pintura

poster
póster

radio
radio

buku catatan
cuaderno

penyedut habuk
aspiradora

kaktus
cactus

lilin
vela

dapur

cocina

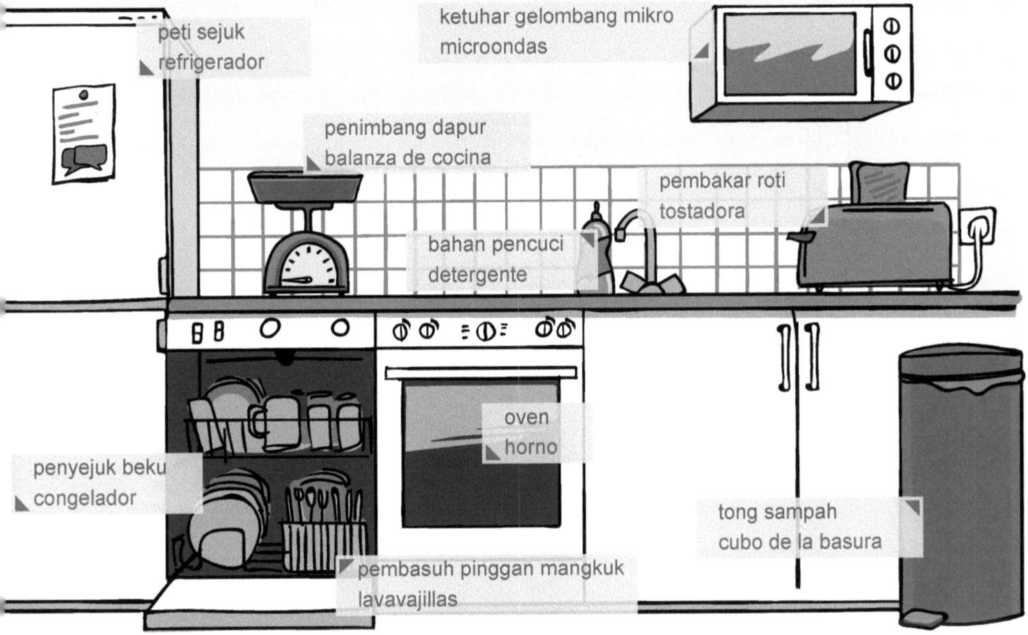

ketuhar gelombang mikro
microondas
peti sejuk
refrigerador
penimbang dapur
balanza de cocina
pembakar roti
tostadora
bahan pencuci
detergente
oven
horno
penyejuk beku
congelador
tong sampah
cubo de la basura
pembasuh pinggan mangkuk
lavavajillas

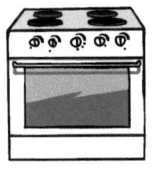

periuk dapur
olla a presión

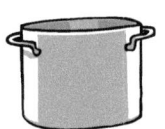

periuk
olla

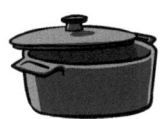

periuk besi
olla de hierro fundido

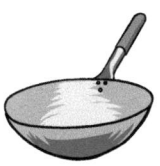

kuali
wok / karahi

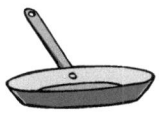

pan
cazuela

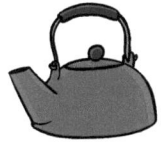

cerek
hervidor

pengukus

vaporera

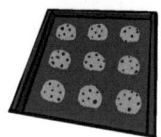

dulang pembakar

chapa de horno

pinggan mangkuk

vajilla

koleh

taza

mangkuk

tazón

penyepit

palillos

senduk

cucharón

spatula

espumadera

pengadun

batidor

penapis

colador

ayak

cedazo

pemarut

rallador

mortar

mortero

barbeku

barbacoa

pembakaran terbuka

hoguera

papan pencincang

tabla de picar

pin golekan

rodillo

skru gabus

sacacorchos

tin

lata

pembuka tin

abrelatas

pemegang periuk

agarrador

sinki

lavabo

berus

cepillo

span

esponja

pengisar

batidora

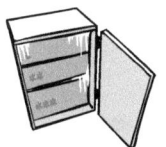

penyejuk beku

congelador

botol bayi

biberón

paip

grifo

bilik air

cuarto de baño

pemanasan
calefacción
mandi
ducha
tuala
toalla
tirai mandi
cortina de la ducha
mandi buih
baño de espuma
tab mandi
bañera
gelas
vaso
mesin basuh
lavadora
paip
grifo
jubin
baldosas
tandas
orinal
sinki
lavabo

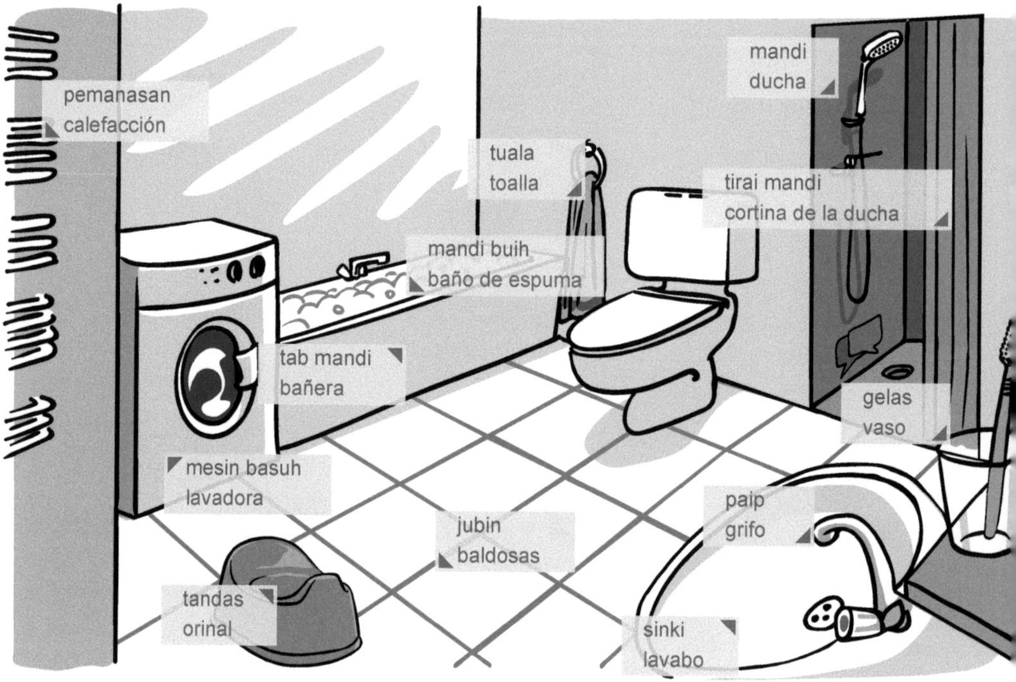

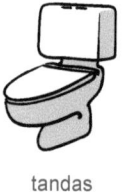

tandas
inodoro

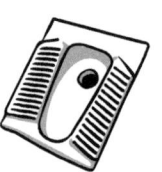

tandas mencangkung
inodoro rústico

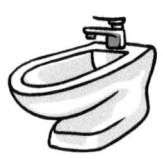

mangkuk tandas
bidé

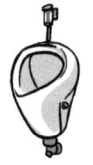

tandas awam
urinario

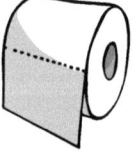

kertas tandas
papel higiénico

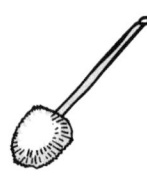

berus tandas
escobilla del váter

berus gigi

cepillo de dientes

ubat gigi

pasta de dientes

flos gigi

hilo dental

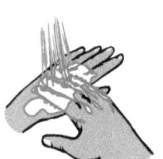

cuci

lavar

mandian tangan

ducha de mano

pancuran

ducha íntima

besen

pila

belakang berus

cepillo de espalda

sabun

jabón

gel mandian

gel de ducha

syampu

champú

flanel

toallita

longkang

desagüe

krim

crema

deodoran

desodorante

cermin

espejo

cermin tangan

espejo de tocador

pisau cukur

maquinilla de afeitar

busa cukur

espuma de afeitar

selepas cukur

loción postafeitado

sikat

peine

berus

cepillo

pengering rambut

secador

semburan rambut

laca

mekap

maquillaje

gincu

pintalabios

varnis kuku

pintauñas

bulu kapas

algodón

gunting kuku

cortauñas

pewangi

perfume

beg basuhan

estuche de viaje

bangku

banqueta

skala berat

balanza

jubah mandi

albornoz

sarung tangan getah

guantes de goma

kapas

tampón

tuala wanita

compresa

tandas kimia

inodoro químico

bilik kanak-kanak

habitación de los niños

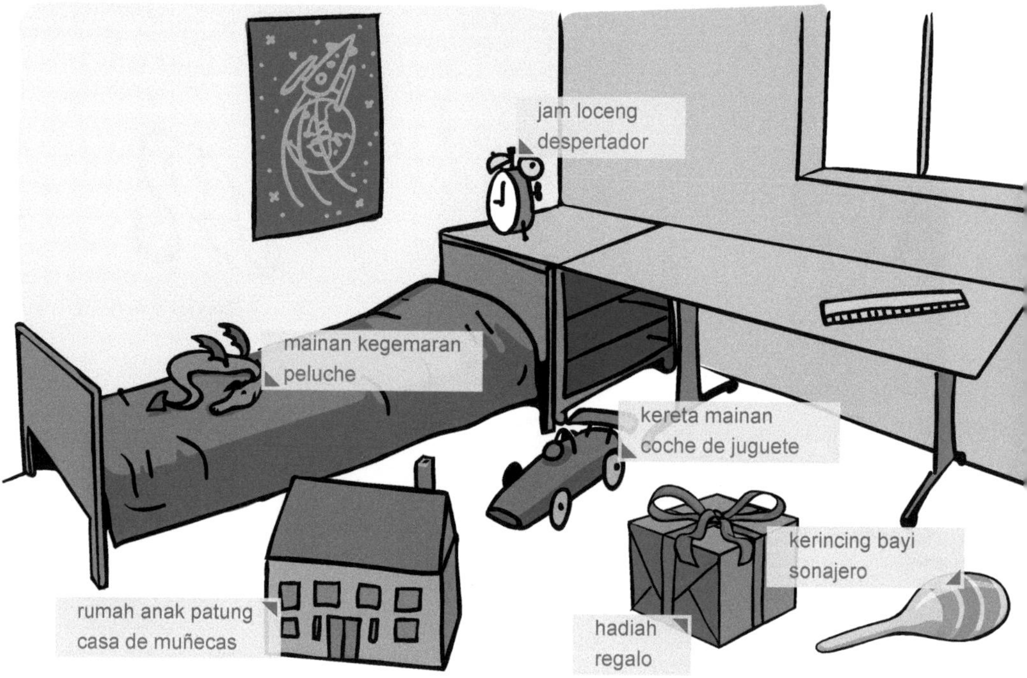
jam loceng
despertador
mainan kegemaran
peluche
kereta mainan
coche de juguete
kerincing bayi
sonajero
rumah anak patung
casa de muñecas
hadiah
regalo

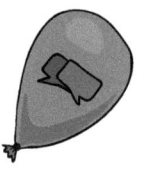

belon

globo

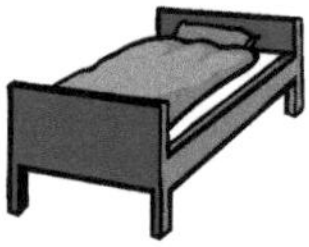

katil

cama

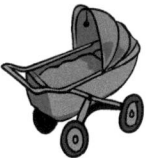

kereta sorong bayi

coche de niño

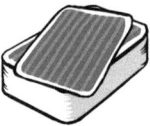

set kad

naipes

susun suai gambar

puzle

SUPER
MEGA

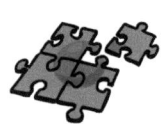

komik

tebeo

batu bata lego

piezas de lego

blok mainan

bloques de juguete

figura aksi

figura de acción

baju bayi

bodi (de bebé)

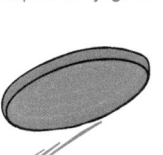

frisbee

frisbee

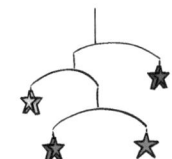

mainan bayi mudah alih

colgador móvil para bebés

permainan papan

juego de mesa

dadu

dados

set model kereta api

circuito de tren eléctrico

palsu

maniquí

parti

fiesta

buku bergambar

álbum de fotos

bola

pelota

anak patung

muñeca

main

jugar

lubang pasir

cajón de arena

buai

columpio

mainan

juguetes

konsol permainan video

videoconsola

basikal roda tiga

triciclo

anak patung beruang

oso de peluche

almari pakaian

guardarropa

pakaian

ropa

stoking

calcetines

stoking

medias

ketat

leotardos

skarf
bufanda

payung
paraguas

kemeja-t
camiseta

eselamatan

but
botas

selipar
zapatillas

kasut sukan
deportivas

sandal
sandalias

kasut
zapatos

but getah
botas de goma

seluar dalam
slip

coli
sostén

ves
chaleco

pakaian - ropa

45

badan
bodi

Seluar panjang
pantalones

jean
vaqueros

skirt
falda

blaus
blusa

kemeja
camisa

baju panas sarung
jersey

sweater
suéter

blazer
blazer

jaket
chaqueta

kot
abrigo

baju hujan
gabardina

kostum
traje

pakaian
vestido

baju pengantin
vestido de novia

sut
traje

baju tidur
camisón

baju tidur
pijama

sari
sari

skarf kepala
bandana

serban
turbante

burqa
burka

kaftan
caftán

abaya/jubah
abaya

baju renang
traje de baño

seluar renang
bañador

seluar pendek
pantalones cortos

sut balapan
chándal

apron
delantal

sarung tangan
guantes

butang

botón

cermin mata

gafas

gelang tangan

brazalete

rantai leher

collar

cincin

anillo

subang

pendiente

topi

gorra

penyangkut kot

percha

topi

sombrero

tali leher

corbata

zip

cremallera

topi keledar

casco

pendakap

tirantes

uniform sekolah

uniforme escolar

seragam

uniforme

pakaian - ropa

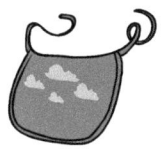

lapik dada

babero

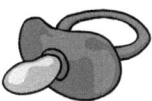

palsu

maniquí

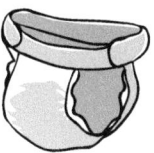

lampin

pañal

pejabat
oficina

pelayan
servidor
kabinet fail
archivo
mesin pencetak
impresora
kertas
papel
monitor
monitor
tetikus
ratón
meja
escritorio
folder
carpeta
papan kekunci
teclado
kerusi
silla
bakul sampah
papelera
komputer
ordenador

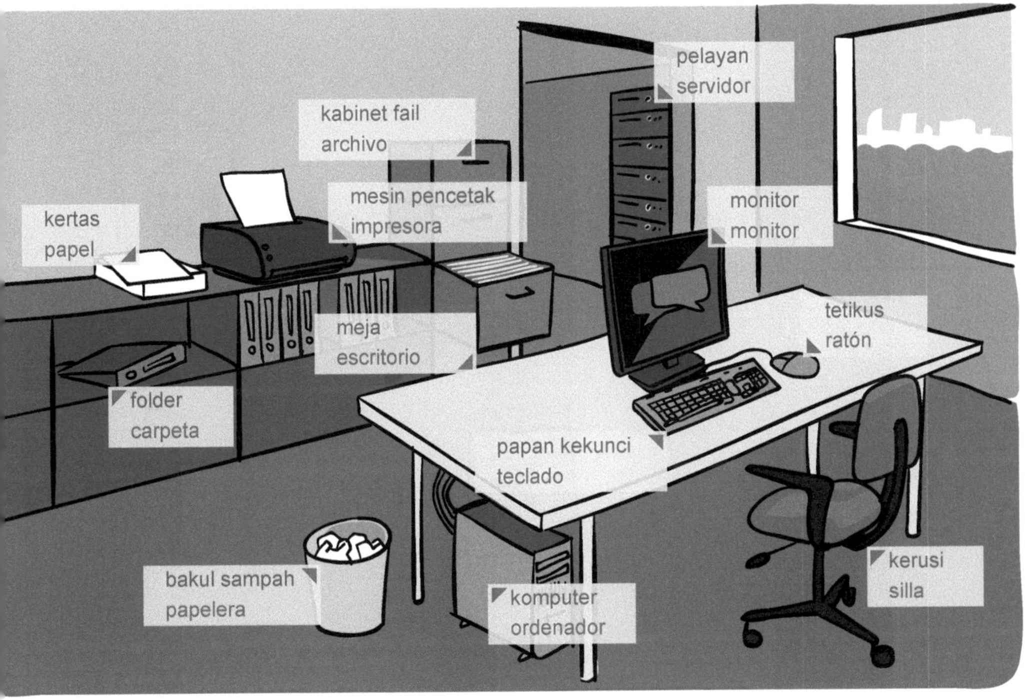

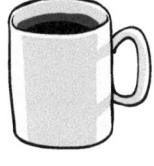

cawan kopi

taza de café

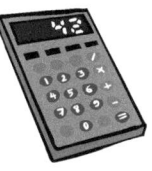

kalkulator

calculadora

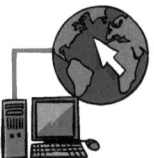

internet

internet

komputer riba
portátil

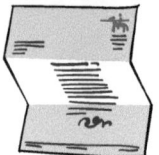

surat
carta

mesej
mensaje

mudah alih
móvil

rangkaian
red

mesin fotokopi
fotocopiadora

perisian
software

telefon
teléfono

soket plag
toma de corriente

mesin faks
fax

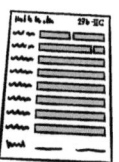

bentuk
formulario

dokumen
documento

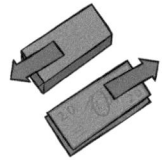

beli

comprar

bayar

pagar

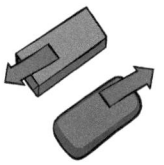

berdagang

comerciar

wang

dinero

dolar

dólar

euro

euro

yen

yen

rubel

rublo

franc swiss

franco suizo

renminbi yuan

renminbi yuan

rupee

rupia

mata tunai

cajero automático

pejabat tukaran mata wang

oficina de cambio de divisas

emas

oro

perak

plata

minyak

petróleo

tenaga

energía

harga

precio

kontrak

contrato

cukai

impuesto

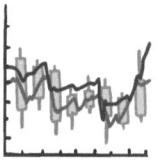

stok

acción

kerja

trabajar

pekerja

empleado

majikan

empleador

kilang

fábrica

kedai

tienda

pekerjaan
oficios

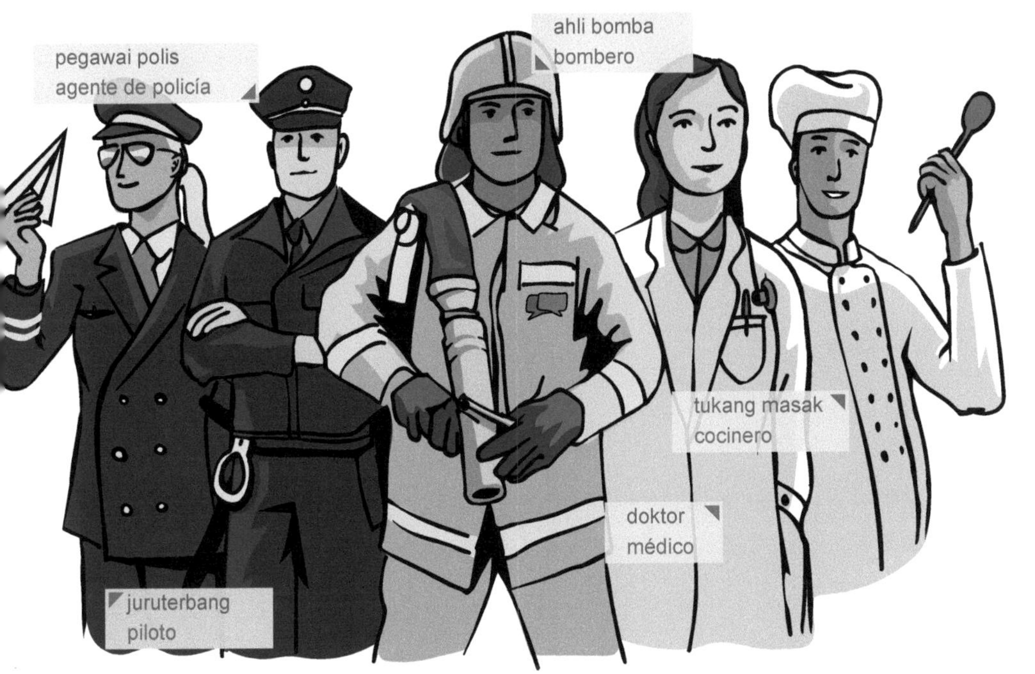
pegawai polis
agente de policía
ahli bomba
bombero
tukang masak
cocinero
doktor
médico
juruterbang
piloto

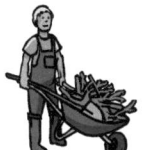

tukang kebun

jardinero

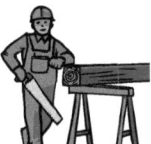

tukang kayu

carpintero

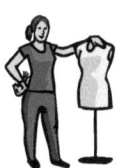

tukang jahit

costurera

hakim

juez

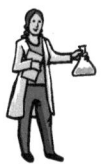

ahli kimia

farmacéutico

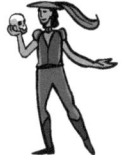

pelakon

actor

pemandu bas

conductor de autobús

pemandu teksi

taxista

nelayan

pescador

wanita pencuci

señora de la limpieza

kasau

techador

pelayan

camarero

pemburu

cazador

pelukis

pintor

bakeri

panadero

juruelektrik

electricista

pembangun

obrero

jurutera

ingeniero

penjual daging

carnicero

tukang paip

fontanero

posmen

cartero

askar

soldado

arkitek

arquitecto

juruwang

cajero

kedai bunga

florista

pendandan rambut

peluquero

konduktor

revisor

mekanik

mecánico

kapten

capitán

doktor gigi

dentista

ahli sains

científico

tuhanku

rabino

imam

imán

sami

monje

paderi

sacerdote

alat
herramientas

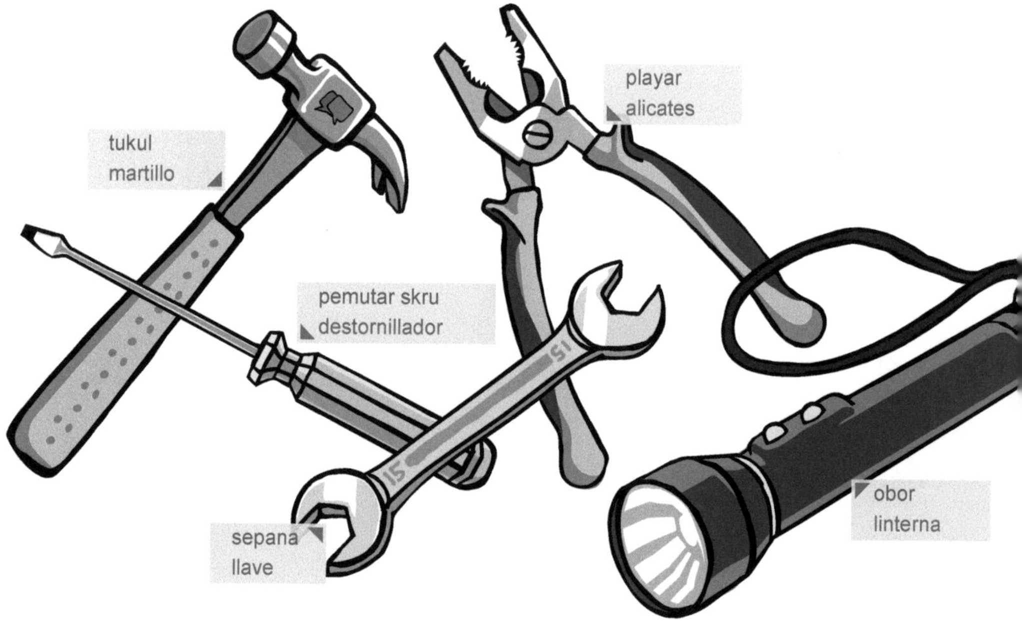

tukul
martillo
playar
alicates
pemutar skru
destornillador
sepana
llave
obor
linterna

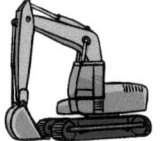

pengorek

excavadora

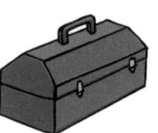

kotak peralatan

caja de herramientas

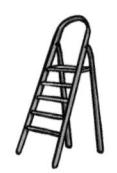

tangga

escalera de mano

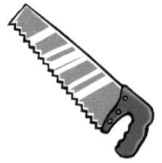

gergaji

sierra

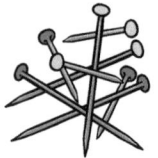

kuku

clavos

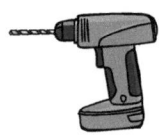

gerudi

taladro

baiki
reparar

penyodok
pala

Celaka!
¡Maldita sea!

penadah sampah
recogedor

periuk cat
bote de pintura

skru
tornillos

alat muzik

instrumentos musicales

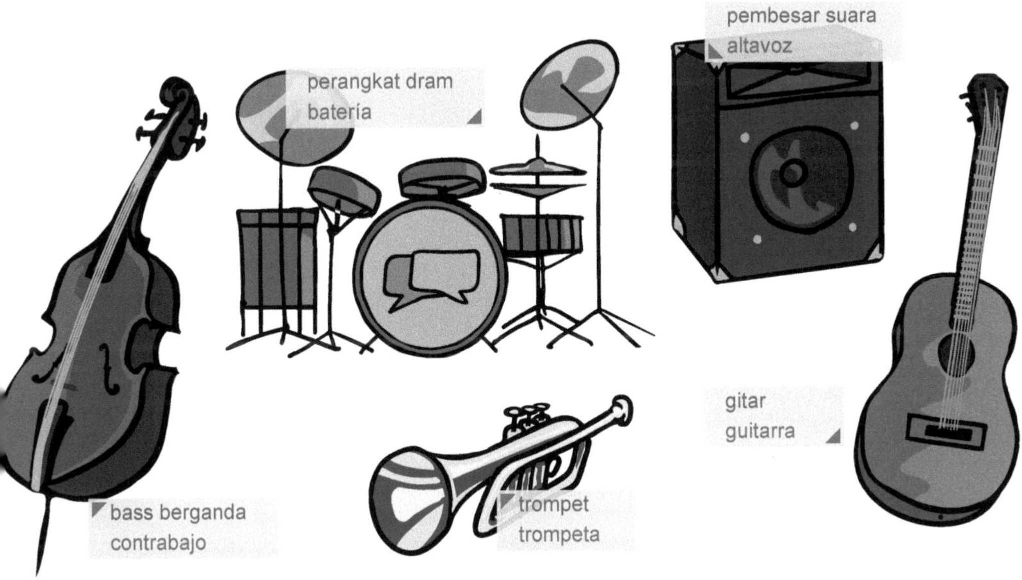

perangkat dram
batería

pembesar suara
altavoz

gitar
guitarra

bass berganda
contrabajo

trompet
trompeta

piano

piano

biola

violín

bass

bajo

timpani

timbales

dram

tambor

papan kekunci

teclado

saksofon

saxofón

seruling

flauta

mikrofon

micrófono

pintu masuk
entrada

harimau
tigre

sangkar
jaula

zebra
cebra

makanan haiwan
pienso

panda
panda

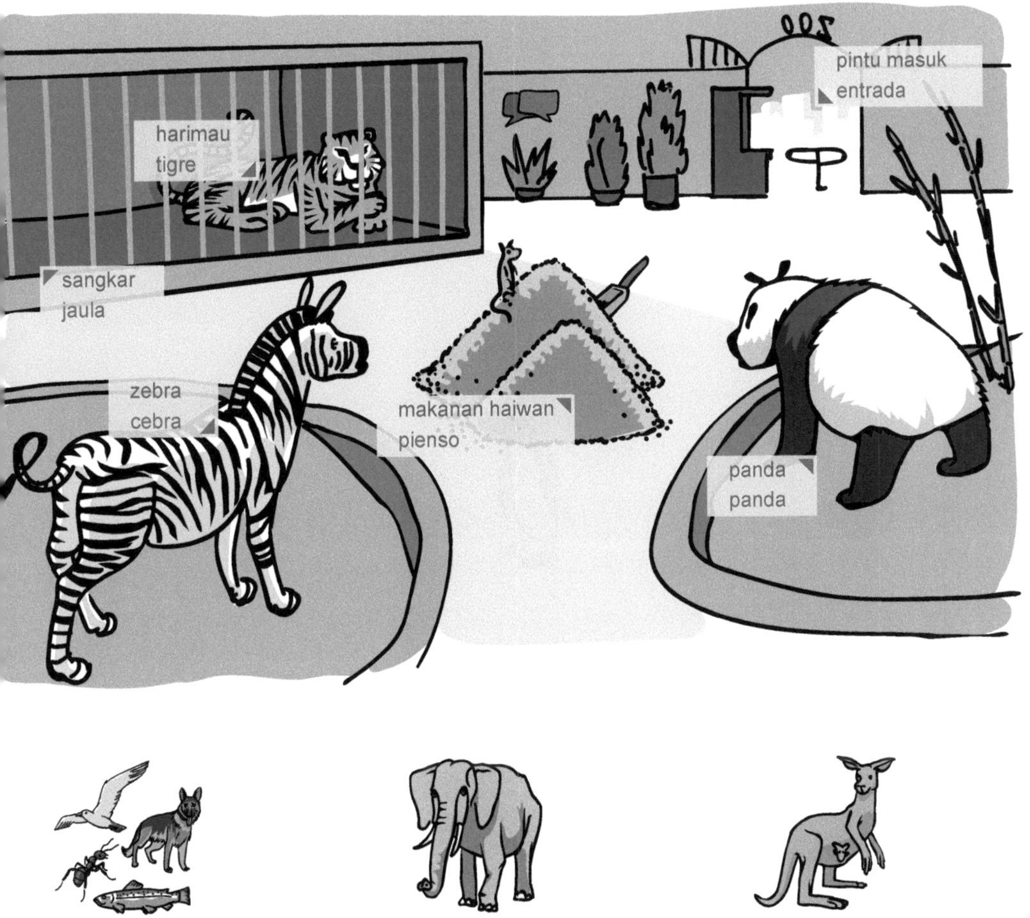

haiwan

animales

gajah

elefante

kanggaru

canguro

badak sumbu

rinoceronte

gorila

gorila

beruang

oso

unta
....
camello

burung unta
....
avestruz

singa
....
león

monyet
....
mono

flamingo
....
flamingo

nuri
....
loro

beruang kutub
....
oso polar

penguin
....
pingüino

yu
....
tiburón

merak
....
pavo real

ular
....
serpiente

buaya
....
cocodrilo

penjaga zoo
....
guardián de zoológico

anjing laut
....
foca

jaguar
....
jaguar

kuda
poni

harimau
leopardo

badak air
hipopótamo

zirafah
jirafa

helang
águila

babi jantan
jabalí

ikan
pescado

penyu
tortuga

anjing laut
morsa

musang
zorro

rusa
gacela

bola sepak Amerika
fútbol americano

berbasikal
ciclismo

tenis
tenis

bola keranjang
baloncesto

renang
natación

tinju
boxeo

hoki ais
hockey sobre hielo

bola sepak
fútbol

badminton
bádminton

olahraga
atletismo

bola baling
balonmano

ski
esquí

polo
polo

ketawa
reír

lompat
saltar

peluk
abrazar

berjalan
caminar

menyanyi
cantar

mimpi
soñar

berdoa
rezar

cium
besar

tulis
escribir

lukis
dibujar

tunjuk
mostrar

tolak
empujar

beri
dar

ambil
tomar

ada
tener

buat
hacer

ialah
ser

berdiri
estar de pie

lari
correr

tarik
tirar

buang
tirar

jatuh
caer

tipu
yacer

tunggu
esperar

bawa
llevar

duduk
estar sentado

pakai
vestirse

tidur
dormir

bangkit
despertar

lihat pada

mirar

menangis

llorar

strok

acariciar

sikat

peinar

cakap

hablar

faham

entender

tanya

preguntar

dengar

escuchar

minum

beber

makan

comer

mengemas

ordenar

sayang

amar

masak

cocinar

pandu

conducir

terbang

volar

belayar

navegar

kira

calcular

baca

leer

belajar

aprender

kerja

trabajar

nikah

casarse

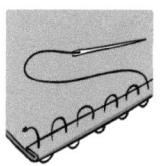

jahit

coser

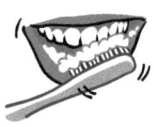

memberus gigi

cepillarse los dientes

bunuh

matar

asap

fumar

hantar

enviar

nenek
abuela

datuk
abuelo

bapa
padre

ibu
madre

bayi
bebé

anak perempuan
hija

anak lelaki
hijo

tetamu

invitado

mak cik

tía

pak cik

tío

abang

hermano

kakak

hermana

badan

cuerpo

dahi
frente
mata
ojo
muka
cara
dagu
barbilla
jari
dedo
tangan
mano
dada
pecho
lengan
brazo
bahu
hombro
kaki
pierna

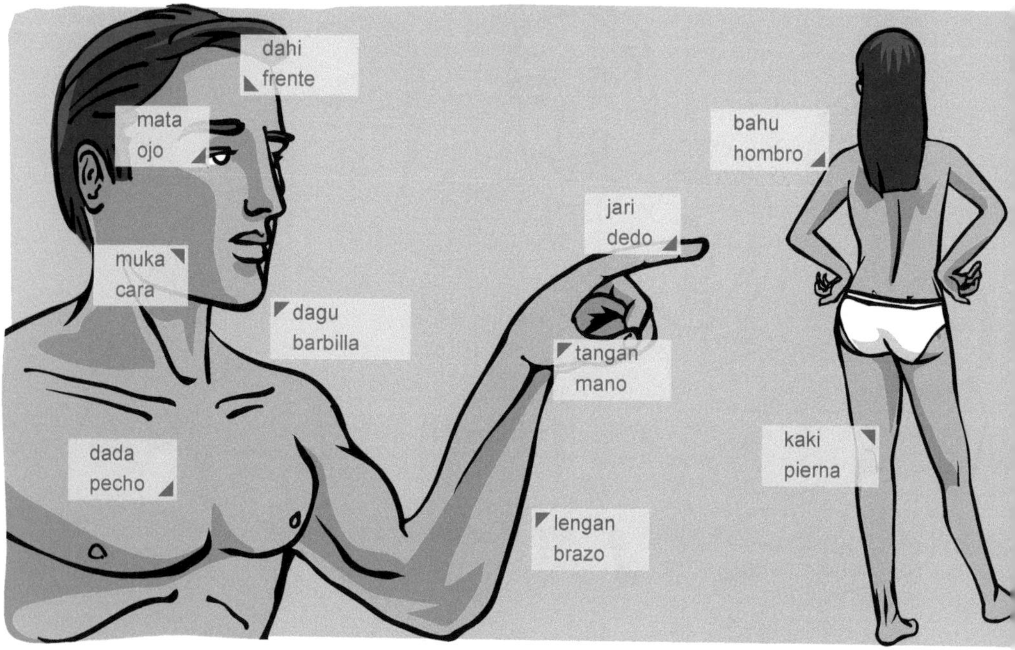

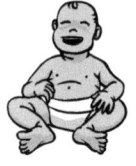

bayi
bebé

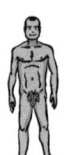

lelaki
hombre

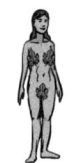

wanita
mujer

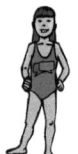

perempuan
chica

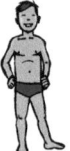

lelaki
chico

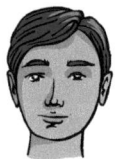

kepala
cabeza

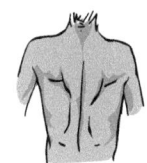

belakang
....
espalda

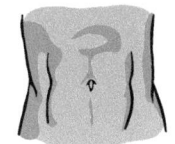

bawah perut
....
vientre

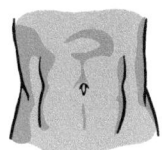

pusat
....
ombligo

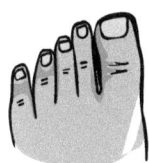

jari kaki
....
dedo del pie

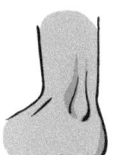

tumit
....
talón

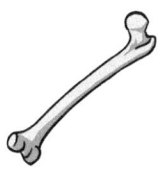

tulang
....
hueso

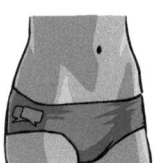

pinggul
....
cadera

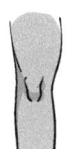

lutut
....
rodilla

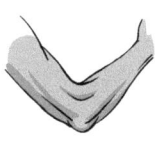

siku
....
codo

hidung
....
nariz

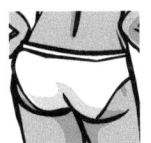

bawah
....
trasero

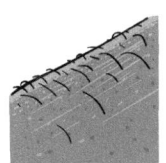

kulit
....
piel

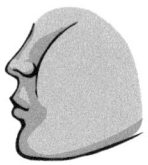

pipi
....
mejilla

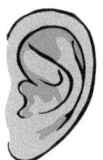

telinga
....
oído

bibir
....
labio

mulut

boca

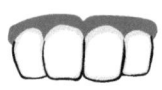

gigi

diente

lidah

lengua

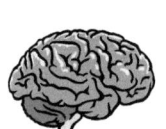

otak

cerebro

hati

corazón

otot

músculo

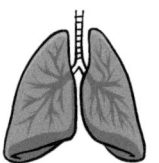

paru-paru

pulmón

hati

hígado

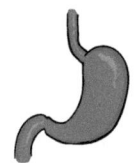

perut

estómago

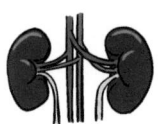

buah pinggang

riñones

seks

sexo

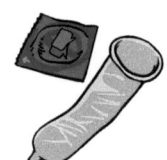

kondom

condón

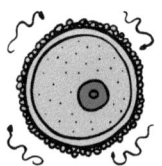

faraj

ovario

mani

semen

mengandung

embarazo

badan - cuerpo

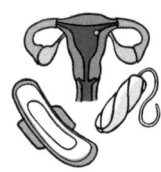

haid
menstruación

faraj
vagina

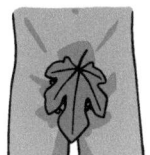

penis
pene

kening
ceja

rambut
pelo

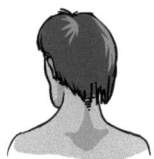

leher
cuello

hospital
hospital

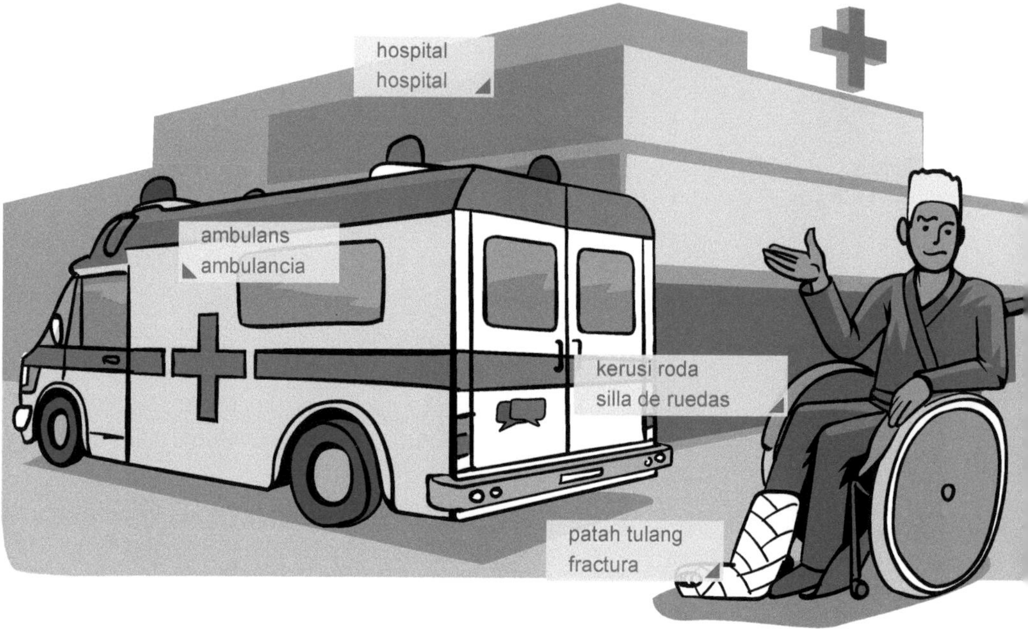

hospital
hospital
ambulans
ambulancia
kerusi roda
silla de ruedas
patah tulang
fractura

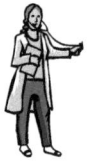

doktor

médico

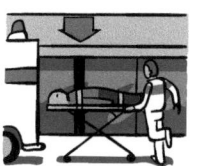

bilik kecemasan

sala de urgencias

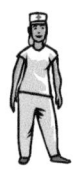

jururawat

enfermera

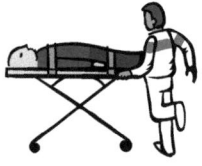

kecemasan

urgencia

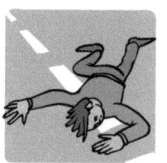

tak sedar

inconsciente

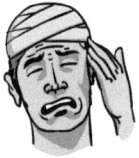

sakit

dolor

kecederaan

lesión

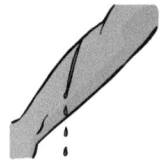

pendarahan

hemorragia

serangan jantung

infarto

strok

ictus

alergi

alergia

batuk

tos

demam

fiebre

selesema

gripe

cirit-birit

diarrea

sakit kepala

dolor de cabeza

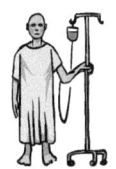

kanser

cáncer

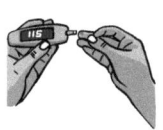

diabetes

diabetes

pakar bedah

cirujano

pisau bedah

bisturí

pembedahan

operación

CT
TAC

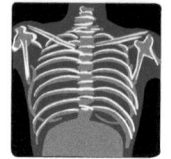

x-ray
rayos x

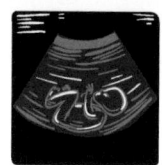

ultrabunyi
ultrasonido

topeng muka
mascarilla

penyakit
enfermedad

bilik menunggu
sala de espera

penongkat
muleta

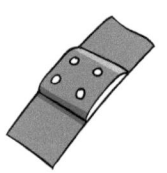

plaster
tirita

pembalut
venda

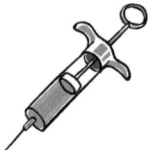

suntikan
inyección

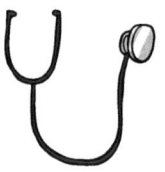

stetoskop
estetoscopio

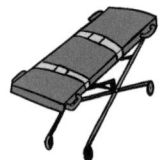

pengusung
camilla

termometer klinik
termómetro

kelahiran
nacimiento

berat badan berlebihan
sobrepeso

alat pendengaran

audífono

disinfektan

desinfectante

jangkitan

infección

virus

virus

HIV / AIDS

VIH / SIDA

perubatan

medicina

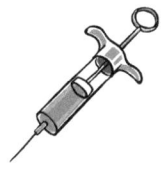

vaksinasi

vacunación

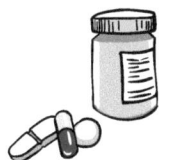

tablet

tabletas

pil

pastilla

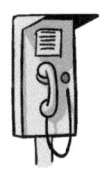

panggilan kecemasan

llamada de urgencia

pantau tekanan darah

tensiómetro

sakit / sihat

enfermo / sano

Tolong!

¡Socorro!

penggera

alarma

serang

asalto

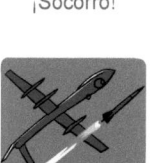

serangan

ataque

bahaya

peligro

pintu kecemasan

salida de emergencia

Api!

¡Fuego!

alat pemadam api

extintor de incendios

kemalangan

accidente

alat pertolongan cemas

botiquín de primeros
auxilios

SOS

SOS

polis

policía

Eropah

Europa

Amerika Utara

Norteamérica

Amerika Selatan

Sudamérica

Afrika

África

Asia

Asia

Australia

Australia

Atlantic

Atlántico

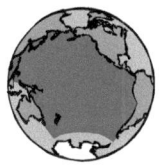

Pasifik

Pacífico

Lautan Hindi

Océano Índico

Lautan Antartik

Océano Antártico

Lautan Artik

Océano Ártico

Kutub utara

polo norte

Kutub Selatan

polo sur

Antartika

Antártida

bumi

tierra

tanah

tierra

laut

mar

pulau

isla

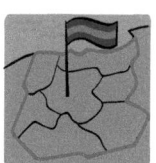

negara

nación

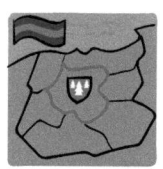

negeri

estado

muka jam

esfera

tangan jam

manecilla de las horas

tangan minit

minutero

terpakai

segundero

Jam berapa sekarang

¿Qué hora es?

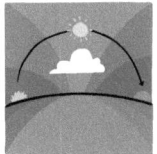

hari

día

masa

tiempo

sekarang

ahora

jam digital

reloj digital

minit

minuto

jam

hora

minggu

semana

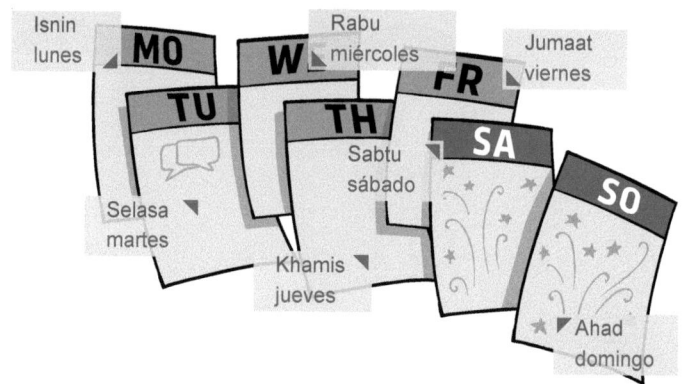

Isnin
lunes

Rabu
miércoles

Jumaat
viernes

Selasa
martes

Sabtu
sábado

Khamis
jueves

Ahad
domingo

semalam
....
ayer

hari ini
....
hoy

esok
....
mañana

pagi
....
mañana

tengah hari
....
mediodía

petang
....
tarde

hari kerja
....
días laborables

hari minggu
....
fin de semana

tahun
año

pelangi
arcoíris
hujan
lluvia
angin
viento
salji
nieve
musim bunga
primavera
musim luruh
otoño
musim panas
verano
musim salji
invierno

4.APRIL 11°
5.APRIL 4°
6.APRIL 13°
7.APRIL 8°
8.APRIL 10°

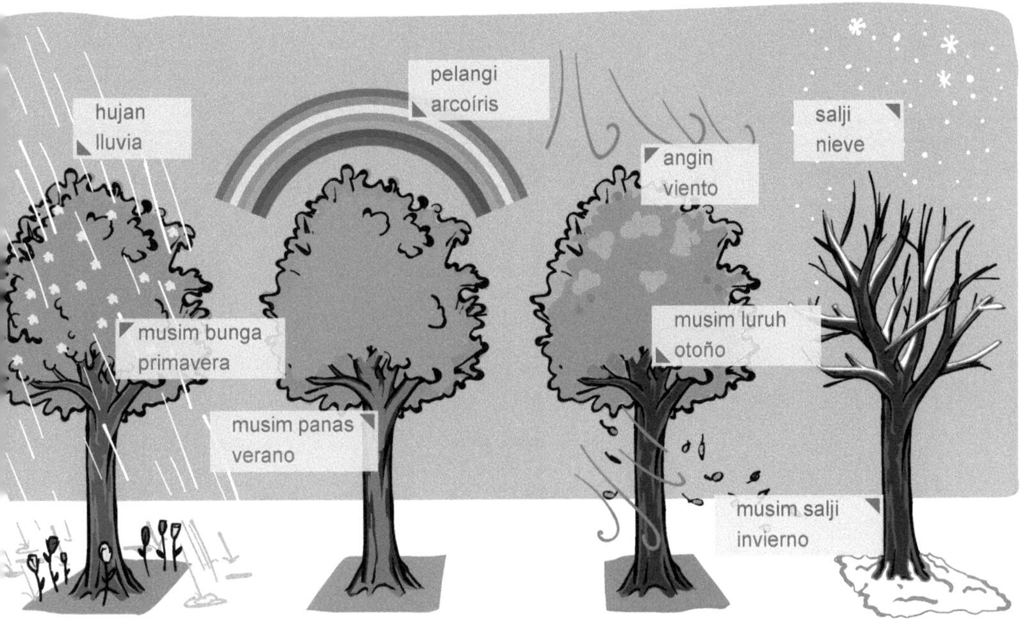

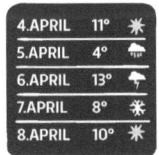

ramalan cuaca
....
pronóstico del tiempo

F C
120 40
90 30
60 20
30 10
0 0
-30 -10
-20

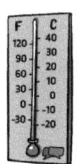

termometer
....
termómetro

sinar matahari
....
sol

awan
....
nube

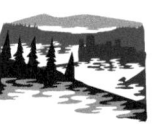

kabus
....
niebla

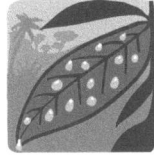

lembapan
....
humedad

kilat
rayo

petir
trueno

ribut
tormenta

hujan batu
granizo

monsun
monzón

banjir
inundación

ais
hielo

Januari
enero

Februari
febrero

Mac
marzo

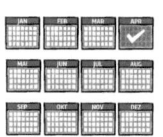

April
abril

Mei
mayo

Jun
junio

Julai
julio

Ogos
agosto

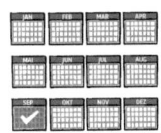

September

septiembre

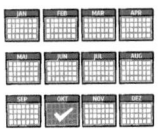

Oktober

octubre

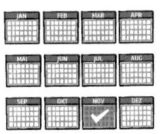

November

noviembre

Disember

diciembre

bulatan

círculo

petak

cuadrado

segi empat tepat

rectángulo

segitiga

triángulo

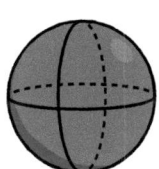

sfera

esfera

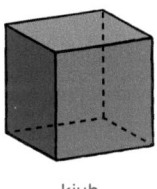

kiub

cubo

putih

blanco

kuning

amarillo

oren

anaranjado

merah jambu

rosa

merah

rojo

ungu

morado

biru

azul

hijau

verde

coklat

marrón

kelabu

gris

hitam

negro

banyak / sedikit

mucho / poco

marah / tenang

enojado / tranquilo

cantik / hodoh

bonito / feo

bermula / tamat

principio / fin

besar kecil

grande / pequeño

terang / gelap

claro / oscuro

abang / kakak

hermano / hermana

bersih / kotor

limpio / sucio

lengkap / tidak lengkap

completo / incompleto

hari / malam

día / noche

mati / hidup

muerto / vivo

luas / sempit

ancho / estrecho

boleh dimakan / tidak boleh dimakan
comestible / no comestible

jahat / baik
malo / amable

teruja / bosan
entusiasmado / aburrido

gemuk / kurus
gordo / delgado

pertama / terakhir
primero / último

kawan / musuh
amigo / enemigo

penuh / kosong
lleno / vacío

keras / lembut
duro / blando

berat / ringan
pesado / ligero

lapar / dahaga
hambre / sed

sakit / sihat
enfermo / sano

menyalahi undang-undang / undang-undang
ilegal / legal

pintar / bodoh
inteligente / tonto

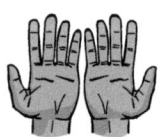

kiri / kanan
izquierda / derecha

dekat / jauh
cerca / lejos

baru / lama

nuevo / usado

tiada / sesuatu

nada / algo

tua / muda

viejo / joven

hidup / mati

encendido / apagado

terbuka / tertutup

abierto / cerrado

diam / bising

silencioso / ruidoso

kaya / miskin

rico / pobre

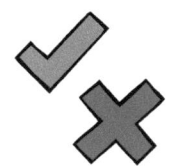

betul / salah

correcto / incorrecto

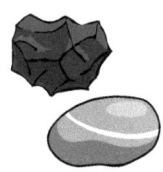

kasar / halus

áspero / suave

sedih / gembira

triste / contento

pendek / panjang

corto / largo

lambat / laju

lento / rápido

basah / kering

húmedo / seco

panas / sejuk

cálido / frío

berperang / berdamai

guerra / paz

números

0	**1**	**2**
sifar	satu	dua
cero	uno	dos
3	**4**	**5**
tiga	empat	lima
tres	cuatro	cinco
6	**7**	**8**
enam	tujuh	lapan
seis	siete	ocho
9	**10**	**11**
sembilan	sepuluh	sebelas
nueve	diez	once

12

dua belas

doce

13

tiga belas

trece

14

empat belas

catorce

15

lima belas

quince

16

enam belas

dieciséis

17

tujuh belas

diecisiete

18

lapan belas

dieciocho

19

Sembilan belas

diecinueve

20

dua puluh

veinte

100

ratus

cien

1.000

ribu

mil

1.000.000

juta

millón

Bahasa Inggeris

inglés

Bahasa Inggeris Amerika

inglés americano

Bahasa Cina Mandarin

chino mandarín

Bahasa Hindi

hindi

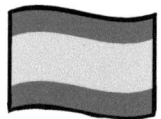

Bahasa Sepanyol

español

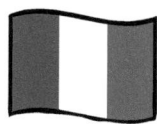

Bahasa Perancis

francés

Bahasa Arab

árabe

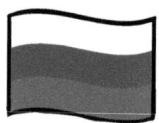

Bahasa Rusia

ruso

Bahasa Portugis

portugués

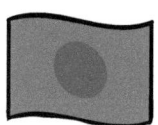

Bahasa Benggali

bengalí

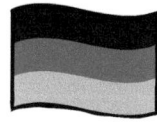

Bahasa Jerman

alemán

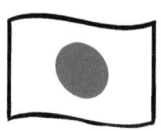

Bahasa Jepun

japonés

saya

yo

anda

tú

dia / dia / ia

él / ella / ello

kita

nosotros/as

anda

vosotros/as

mereka

ellos/as

siapa?

¿quién?

apa?

¿qué?

bagaimana?

¿cómo?

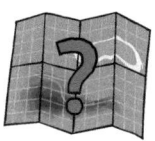

di mana?

¿dónde?

bila?

¿cuándo?

nama

nombre

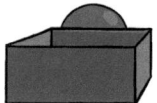

belakang

detrás

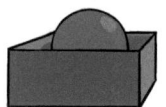

dalam

en

di hadapan

delante de

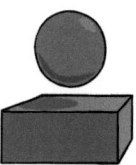

lebih

por encima de

pada

sobre

di bawah

debajo de

bersebelahan

junto a

antara

entre

tempat

lugar